Titolo: —Connessioni Virtuali, Distanze Reali—

Autore: VERDOLIVO LUCA

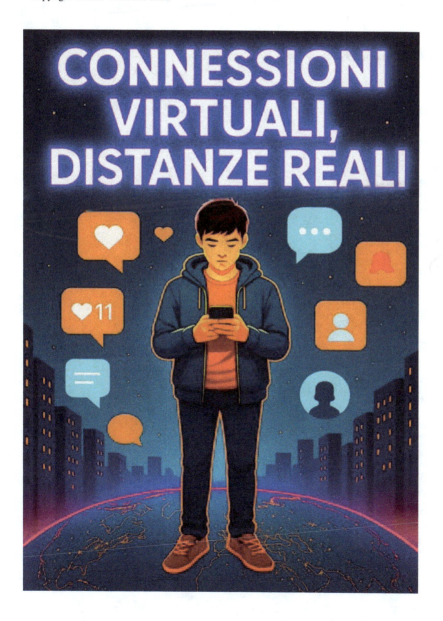

ISBN (edizione KDP):
Prima edizione: [Aprile 2025]

A mio nonno Arcangelo A.,

che con il suo spirito instancabile e il cuore sempre aperto agli altri,

sono sicuro che da lassù ,

continua a camminare sempre al mio fianco,

nelle risate che condivido, nei sogni che inseguo e in ogni passo che faccio con coraggio.

"Lentamente muore chi diventa schiavo dell'abitudine,

ripetendo ogni giorno gli stessi percorsi,

chi non cambia marca, non rischia di vestire un colore nuovo,

chi non parla a chi non conosce."

— Pablo Neruda, "Ode alla Vita", da Il mercante di sogni (postumo, 2000)

Sommario

Introduzione: L'era della Connessione

Una riflessione critica sull'iperconnessione dell'era digitale e il paradosso della solitudine crescente, con un focus sull'impatto sui bambini e sui giovani.

Capitolo 1: La Tecnologia come Ponte

Esplora i benefici della tecnologia nella comunicazione, evidenziando però la perdita di qualità nelle interazioni sociali reali e l'aumento della solitudine tra i giovani.

Capitolo 2: La Superficialità dell'Interazione Virtuale

Analisi della semplificazione emotiva nei social media e della riduzione dell'empatia, con testimonianze dirette e dati scientifici.

Capitolo 3: Giovani e Social Media: Una Dipendenza Silenziosa

Approfondimento sul legame tra social network e meccanismi di dipendenza da dopamina, con effetti su autostima e salute mentale.

Capitolo 4: L'Isolamento Digitale

Descrive come la connessione costante possa paradossalmente portare a isolamento sociale e problemi psicologici.

Capitolo 5: Tecnologia ed Empatia: Una Contraddizione?

Riflessione su come la tecnologia può compromettere la capacità empatica e favorire fenomeni come il cyberbullismo.

Capitolo 6: L'Impatto sui Bambini: Un Futuro Digitalizzato

Esamina gli effetti della tecnologia sullo sviluppo cognitivo, linguistico e sociale dei bambini in età prescolare e scolare.

Capitolo 7: Genitori Digitali, Figli Virtuali

Indaga il ruolo educativo dei genitori nell'era digitale, tra buone pratiche, sharenting e bisogno di coerenza educativa.

Capitolo 8: Educare alla Consapevolezza Digitale

Propone strategie educative per insegnare ai giovani un uso critico e sicuro della tecnologia, con esempi di successo come la "dieta digitale" scolastica.

Capitolo 9: Il Futuro delle Relazioni

Uno sguardo proiettato al futuro: realtà virtuale, metaverso e nuove forme di relazione umana, tra opportunità e pericoli di disconnessione emotiva.

Capitolo 10: Solitudine Condivisa – La Paradossale Intimità della Rete

Reti sociali che simulano vicinanza ma alimentano isolamento. Il bisogno di relazioni vere.

Capitolo 11: Generazione Voce

Messaggi vocali e podcast come strumenti di autenticità e ascolto profondo tra i giovani.

Capitolo 12: Il Tempo Rubato – L'Effetto della Disconnessione sul Presente

La distrazione digitale e la perdita della presenza nel quotidiano familiare e personale.

Capitolo 13: Ricostruire il Contatto – Esperienze di Rinascita fuori dal Digitale

Storie di famiglie, scuole e comunità che riscoprono il valore del tempo condiviso offline.

Conclusione: Ritrovare l'Equilibrio

Invito alla riflessione sull'uso consapevole della tecnologia, per preservare relazioni autentiche e il benessere psicologico.

Riflessione dell'autore

Un toccante pensiero personale dell'autore come padre nell'era digitale.

Ringraziamenti

Un tributo a familiari, amici e testimoni che hanno ispirato e arricchito il testo.

Citazioni

Elenco completo delle fonti e degli autori citati nel libro.

Introduzione: L'Era della Connessione

Viviamo in un'epoca di straordinaria trasformazione tecnologica.

Mai prima d'ora gli esseri umani sono stati così interconnessi, con la possibilità di comunicare istantaneamente con chiunque, in qualunque parte del mondo. Tuttavia, in questo libro ci proponiamo di esplorare le implicazioni di questa iperconnessione, con un occhio critico rivolto soprattutto all'impatto che la tecnologia ha sulle giovani generazioni e, in particolare, sui bambini.

La psicologa Sherry Turkle, nel suo libro Alone Together: Why We Expect More from Technology and Less from Each Other, afferma:

"Siamo costantemente connessi, ma paradossalmente ci sentiamo sempre più soli". Questo paradosso ci spinge a chiederci se la tecnologia, sebbene progettata per avvicinarci, non stia in realtà causando un distanziamento emotivo e sociale.

— Sherry Turkle, *Alone Together: Why We Expect More from Technology and Less from Each Other*, Basic Books, 2011.

Questo paradosso ci spinge a chiederci se la tecnologia, sebbene progettata per avvicinarci, non stia in realtà causando un distanziamento emotivo e sociale.

Lo scopo di questo libro è comprendere meglio come la tecnologia, e in particolare i social media, influenzino la nostra capacità di relazionarci.

Quali sono i benefici reali di queste innovazioni, e quali invece gli effetti collaterali negativi?

Come possiamo mitigare i rischi, specialmente per i più piccoli, che stanno crescendo in un mondo completamente digitale?

Le testimonianze di genitori, educatori e giovani stessi saranno parte integrante di questo racconto, accompagnate da studi scientifici e riflessioni degli esperti del settore, esploreremo come questa

connessione incessante sta cambiando la nostra capacità di comunicare, relazionarci e persino di comprendere noi stessi.

Per motivi di privacy, i nomi e i luoghi di queste testimonianze escluse quella degli Esperti sono stati cambiati, ma le esperienze raccontate sono autentiche e ci portano a riflettere su un cambiamento profondo.

Capitolo 1: La Tecnologia come Ponte

La tecnologia, come ogni innovazione, nasce con l'intento di migliorare le nostre vite. La comunicazione è uno degli ambiti dove ha avuto un impatto dirompente, rompendo le barriere geografiche e sociali.

Le applicazioni di messaggistica istantanea e le piattaforme di social media ci consentono di rimanere in contatto con amici e familiari in tutto il mondo. Per molti, specialmente per coloro che vivono lontano dalle proprie radici, questo è un vantaggio inestimabile.

Uno studio condotto dall'Andrew Przybylski & Netta Weinstein, *Digital Screen Time and Parent-Child Relationships*, University of Oxford, 2019. nel 2019 ha dimostrato che le tecnologie digitali hanno aiutato le persone a mantenere legami affettivi a lunga distanza, facilitando il senso di comunità anche in situazioni di separazione geografica.

Le videochiamate, in particolare, hanno dato la possibilità di mantenere una connessione visiva e verbale, che altrimenti sarebbe stata impossibile.

Tuttavia, come afferma anche l'esperto di neuroscienze Manfred Spitzer,

"L'eccessivo utilizzo di questi strumenti tende a ridurre la qualità delle interazioni sociali".

— *Manfred Spitzer, *Digital Dementia: What We and Our Children Are Doing to Our Minds*, Droemer, 2012.*

La comunicazione digitale manca di molti elementi cruciali: il contatto visivo, il tono della voce, il linguaggio corporeo.

Tutti aspetti che arricchiscono le nostre interazioni e ci permettono di comprendere realmente i sentimenti e le emozioni dell'altro.

Testimonianze di giovani adulti mostrano che, nonostante la quantità di interazioni virtuali, molti si sentono sempre più soli. "Parlo con i miei amici tutti i giorni su Instagram, ma è raro che ci vediamo di persona. Quando ci incontriamo, a volte non sappiamo neanche cosa dirci", confida Elena, una ragazza di 19 anni.

L'impatto della tecnologia sulla comunicazione

La tecnologia ha trasformato radicalmente il modo in cui comunichiamo, abbattendo barriere che una volta sembravano insormontabili. Prima dell'avvento di internet e dei dispositivi mobili, mantenere relazioni a distanza richiedeva tempo e fatica. Lettere e telefonate costose erano gli unici strumenti a disposizione. Oggi, invece, le applicazioni di messaggistica istantanea, le videochiamate e i social media ci permettono di essere costantemente connessi con chiunque, ovunque si trovi. Per molte persone, soprattutto coloro che vivono lontano dalle loro famiglie o dal proprio paese d'origine, queste innovazioni rappresentano un cambiamento positivo e inestimabile. La possibilità di mantenere vive relazioni personali, nonostante la distanza fisica, è un vantaggio significativo della rivoluzione tecnologica.

Le tecnologie digitali come strumento di connessione

Uno studio dell'Andrew Przybylski & Netta Weinstein, *Digital Screen Time and Parent-Child Relationships*, University of Oxford, 2019. del 2019 ha dimostrato come le tecnologie digitali abbiano effettivamente aiutato le persone a mantenere legami affettivi a lunga distanza. La videochiamata, in particolare, è diventata uno strumento fondamentale per consentire alle famiglie, agli amici e persino ai colleghi di vedersi, parlare e condividere momenti importanti anche quando non è possibile incontrarsi fisicamente. Questo strumento ha permesso a molte persone di preservare il senso di comunità e vicinanza, soprattutto in situazioni di separazione geografica o

durante momenti difficili come la pandemia globale. La tecnologia, in questo senso, funge da ponte tra le persone, colmando il vuoto creato dalla distanza.

Le criticità dell'eccessiva digitalizzazione

Nonostante i numerosi benefici, non mancano le voci critiche riguardo l'uso eccessivo della tecnologia nella comunicazione. Manfred Spitzer, noto neuroscienziato, ha più volte sottolineato i limiti di una dipendenza troppo marcata da questi strumenti. Secondo Spitzer, l'abuso della comunicazione digitale può portare a un impoverimento delle interazioni sociali, poiché mancano elementi fondamentali come il contatto visivo, il tono della voce e il linguaggio corporeo. Questi aspetti, apparentemente marginali, sono in realtà essenziali per comprendere appieno le emozioni e i sentimenti di chi ci sta di fronte. La tecnologia, pur facilitando la connessione, non può sostituire completamente la ricchezza delle interazioni faccia a faccia.

La solitudine nell'era della connessione digitale

Curiosamente, nonostante l'enorme quantità di interazioni virtuali che la tecnologia rende possibili, molte persone, soprattutto giovani adulti, riportano un crescente senso di solitudine. Elena, una ragazza di 19 anni, racconta come, nonostante parli quotidianamente con i suoi amici su piattaforme come Instagram, raramente si incontrino di persona. Quando ciò accade, spesso si trovano a corto di argomenti, segno che il legame virtuale non è sufficiente a mantenere la stessa profondità di un rapporto reale. Questo sentimento di alienazione, nonostante l'iper-connessione, sta emergendo come una delle principali sfide del nostro tempo.

Capitolo 2: La Superficialità dell'Interazione Virtuale

Sebbene la tecnologia ci offra una maggiore accessibilità alle persone, c'è un limite intrinseco alle relazioni che nascono e si sviluppano solo online. L'interazione virtuale si basa spesso su messaggi brevi, emoticon e gif. Anche se utili per esprimere emozioni in modo rapido, queste modalità comunicative mancano di complessità emotiva.

Nel 2018, uno studio dell'American Psychological Association ha mostrato che la comunicazione via messaggi di testo riduce la comprensione emotiva tra interlocutori. L'autrice dello studio, la psicologa clinica Sarah Konrath, "Digital Media and Empathy Decline in Adolescents," *American Psychological Association*, 2018., afferma:

"I social media ci spingono a semplificare le emozioni.

— Sarah Konrath, "Digital Media and Empathy Decline in Adolescents," *American Psychological Association*, 2018., studio pubblicato dall'American Psychological Association, 2018.

Questo non solo limita la nostra capacità di esprimerle, ma ci allontana dal processo di empatia, fondamentale nelle relazioni umane".

Le testimonianze di giovani che passano molte ore sui social media confermano questa analisi. "Mi rendo conto che passo tanto tempo a scorrere i post degli altri, ma raramente interagisco in modo significativo. È come se stessi guardando la vita degli altri attraverso una finestra, senza realmente farne parte", confessa Lorenzo, 17 anni.

Le relazioni virtuali sono dunque spesso prive di autenticità. Pur facilitando una vasta rete di contatti, tendono a essere più superficiali e meno profonde rispetto alle relazioni che si sviluppano faccia a faccia.

La semplificazione delle emozioni nelle interazioni virtuali

La tecnologia ci offre l'opportunità di connetterci con molte persone in modo rapido e accessibile, ma spesso a discapito della qualità delle relazioni. Le interazioni online tendono a svilupparsi attraverso messaggi brevi, emoticon e gif, strumenti utili per trasmettere un'emozione in modo immediato, ma che mancano della complessità emotiva necessaria per costruire un legame profondo. Le parole scritte su uno schermo non possono trasmettere pienamente il tono di voce, l'espressione facciale o la gestualità che sono fondamentali per capire e interpretare i sentimenti altrui. Questa semplificazione riduce il livello di connessione autentica tra le persone, lasciando spesso un senso di vuoto nelle interazioni.

La riduzione della comprensione emotiva

Lo studio condotto nel 2018 dall'American Psychological Association citato prima ,ha rilevato che la comunicazione via messaggi di testo diminuisce la comprensione emotiva tra interlocutori. La psicologa Sarah Konrath, "Digital Media and Empathy Decline in Adolescents," *American Psychological Association*, 2018., autrice dello studio, ha sottolineato come i social media e le piattaforme di messaggistica ci spingano a semplificare le emozioni, portandoci a utilizzare simboli o parole ridotte per rappresentare stati d'animo complessi. Secondo Konrath, questo non solo limita la nostra capacità di esprimere pienamente le emozioni, ma ci allontana anche dal processo di empatia, un elemento centrale nelle relazioni umane. La mancanza di empatia porta spesso a malintesi, poiché non possiamo cogliere appieno il contesto emotivo dell'altro attraverso un semplice messaggio di testo o una reazione digitale.

Il paradosso dell'iper-connessione e dell'isolamento

Molti giovani trascorrono ore sui social media, ma questa iper-connessione virtuale non si traduce sempre in relazioni significative. Lorenzo, un ragazzo di 17 anni, ammette: "Passo molto tempo a scorrere i post degli altri, ma raramente interagisco in modo profondo". La sua esperienza riflette un paradosso comune nell'era digitale: nonostante la possibilità di essere sempre connessi, molti giovani si sentono isolati, come spettatori passivi della vita degli altri, piuttosto che partecipanti attivi. La superficialità delle interazioni sui social media, limitate spesso a "like" o commenti veloci, crea un senso di distacco e alienazione. Il risultato è una rete vasta di contatti, ma una mancanza di relazioni intime e autentiche.

Relazioni virtuali e autenticità

Le relazioni che nascono e si sviluppano esclusivamente online tendono ad essere prive di autenticità rispetto a quelle che si instaurano di persona. Sebbene i social media facilitino l'espansione delle reti sociali, permettendo di entrare in contatto con un gran numero di persone, la profondità di queste connessioni è spesso limitata. Le conversazioni sono brevi e frammentarie, mancano di continuità e di quel contatto umano diretto che è essenziale per costruire fiducia e comprensione reciproca. La comunicazione digitale ci espone a una sorta di illusione di vicinanza, ma in realtà ci rende più distanti e meno capaci di impegnarci in relazioni vere e profonde.

Capitolo 3: Giovani e Social Media:Una Dipendenza Silenziosa

Un fenomeno emergente, preoccupante per molti genitori e psicologi, è la crescente dipendenza dai social media tra i giovani. L'utilizzo prolungato di piattaforme come Instagram, TikTok e Snapchat crea una forma di dipendenza simile a quella delle sostanze chimiche.

La neuroscienziata Anna Lembke, nel suo libro Dopamine Nation:

Finding Balance in the Age of Indulgence, spiega come la dopamina, il neurotrasmettitore associato al piacere, venga stimolata dai "like" e dai commenti sui social media.

"I giovani cercano continuamente quella scarica di dopamina, che li fa sentire apprezzati e validati", afferma Lembke.

— Anna Lembke, *Dopamine Nation: Finding Balance in the Age of Indulgence*, Dutton, 2021.

Ma questo meccanismo può diventare tossico, portando i ragazzi a misurare il loro valore in base al numero di follower o alle reazioni che ricevono online.

Molti giovani hanno raccontato di essersi sentiti esclusi o non adeguati a causa delle interazioni virtuali. Sofia, 15 anni, racconta: "Una volta ho postato una foto e non ho ricevuto tanti like come mi aspettavo. Mi sono sentita malissimo, come se non fossi abbastanza bella o interessante". Questo tipo di pressione, che si verifica in una fase della vita in cui l'identità è ancora in formazione, può avere conseguenze devastanti per la salute mentale.

La dipendenza dai social media: un fenomeno crescente

Negli ultimi anni, la dipendenza dai social media tra i giovani è diventata una delle principali preoccupazioni per genitori e professionisti della salute mentale. L'utilizzo di piattaforme come Instagram, TikTok e Snapchat non si limita più al semplice intrattenimento o al mantenimento di relazioni sociali; è diventato per molti ragazzi un'abitudine compulsiva, difficilmente controllabile. Questo fenomeno ha portato a una forma di dipendenza simile a quella provocata da sostanze chimiche, con conseguenze serie sul benessere psicologico dei più giovani. La costante esposizione ai social media, infatti, non solo crea un bisogno continuo di connessione, ma influisce negativamente sulla percezione di sé e delle proprie relazioni sociali.

Il meccanismo della dopamina e l'illusione del valore personale

La neuroscienziata Anna Lembke, citata prima, spiega come i social media stimolino il rilascio di dopamina, il neurotrasmettitore legato al piacere e alla ricompensa. Ogni "like", commento o nuova notifica sui social attiva questo meccanismo di ricompensa, generando una temporanea sensazione di gratificazione. I giovani, in particolare, sono particolarmente vulnerabili a questo ciclo, poiché si trovano in una fase di sviluppo in cui l'approvazione sociale è fondamentale per la costruzione della loro identità. Questo porta molti ragazzi a cercare continuamente quella scarica di dopamina che li fa sentire validati e apprezzati, ma nel lungo termine, questa ricerca può trasformarsi in un circolo vizioso, con gravi ripercussioni sulla loro autostima.

Le conseguenze psicologiche della pressione sociale online

Molti adolescenti, immersi nel mondo dei social media, sperimentano una crescente pressione sociale. Sofia, una ragazza di 15 anni, racconta come la mancanza di "like" su una sua foto l'abbia fatta sentire inadeguata, non abbastanza bella o interessante. Questa è una realtà comune per molti giovani, che spesso misurano il proprio valore in base alle interazioni online. La pressione di ottenere approvazione attraverso i social può essere schiacciante, soprattutto in un'età in cui l'identità personale è ancora in via di formazione. Gli standard irrealistici promossi dai social media, dove spesso si mostra solo il lato positivo e filtrato della vita, creano un senso di inferiorità e inadeguatezza che può avere conseguenze devastanti sulla salute mentale, portando ad ansia, depressione e bassa autostima.

L'isolamento e la fragilità delle relazioni online

Paradossalmente, nonostante l'apparente connessione continua, molti giovani si sentono sempre più isolati. Le interazioni virtuali, pur essendo numerose e costanti, mancano spesso di profondità e autenticità. Il valore delle relazioni si misura attraverso il numero di follower e le reazioni ai post, creando un sistema di validazione basato su metriche superficiali. Questa fragilità delle relazioni online, unite alla costante pressione di apparire sempre al meglio, alimenta un senso di solitudine e di isolamento emotivo. I ragazzi, spesso, non si sentono in grado di esprimere le proprie vere emozioni o di vivere relazioni autentiche, poiché temono di non essere accettati se mostrano la loro vulnerabilità.

Le sfide per la salute mentale e l'importanza dell'educazione

La dipendenza dai social media rappresenta una sfida significativa per la salute mentale delle nuove generazioni. È essenziale che genitori, educatori e psicologi lavorino insieme per aiutare i giovani a sviluppare una consapevolezza critica dell'uso dei social media e delle loro dinamiche tossiche. L'educazione digitale può giocare un ruolo chiave nell'insegnare ai ragazzi come bilanciare l'uso delle piattaforme sociali, come proteggere la propria autostima e come costruire relazioni autentiche al di fuori del mondo virtuale. Solo così sarà possibile arginare i danni di questa "dipendenza silenziosa" e promuovere una vita più equilibrata e serena per le future generazioni.

Capitolo 4: L'Isolamento Digitale

Nonostante la connessione costante offerta dai dispositivi digitali, molti giovani si sentono più isolati che mai. L'*isolamento digitale* è un fenomeno che descrive la sensazione di solitudine in un mondo in cui, paradossalmente, siamo sempre collegati.

Un'indagine del Pew Research Center, *Teens, Social Media & Technology*, 2022. nel 2021 ha mostrato che il 45% degli adolescenti negli Stati Uniti si sente "costantemente solo", nonostante passi ore ogni giorno sui social media. Una delle ragioni principali è che le interazioni virtuali non sostituiscono le relazioni autentiche. La sensazione di non essere veramente visti o compresi è comune, soprattutto tra i giovani che si affidano ai social media come principale fonte di contatto umano.

I genitori, come testimonia Michela, madre di due adolescenti, sperimentano questo fenomeno nelle proprie case: "I miei figli sono sempre con il cellulare in mano. Li vedo ridere davanti allo schermo, ma poi, quando siamo insieme, sembrano distanti e distratti. Mi chiedo se le loro relazioni virtuali siano davvero gratificanti".

Il risultato di questo isolamento è un aumento dei disturbi legati all'ansia e alla depressione. Gli esperti raccomandano un uso equilibrato della tecnologia e promuovono il ritorno a interazioni più genuine, favorendo attività offline.

L'illusione della connessione costante

Nel mondo digitale di oggi, la connessione sembra essere a portata di mano in ogni momento. I social media, i messaggi istantanei e le videochiamate ci danno l'impressione di essere sempre in contatto con gli altri. Tuttavia, nonostante questa disponibilità tecnologica, un numero crescente di giovani sperimenta un profondo senso di solitudine. L'*isolamento digitale* è un fenomeno che si verifica quando le interazioni virtuali non riescono a soddisfare il bisogno umano di relazioni autentiche. Il tempo trascorso online, spesso in modo passivo e senza significative interazioni emotive, può amplificare il senso di disconnessione dal mondo reale e dalle persone vicine.

L'isolamento dietro lo schermo

Un'indagine del Pew Research Center, *Teens, Social Media & Technology*, 2022. nel 2021 ha rivelato un dato allarmante: il 45% degli adolescenti negli Stati Uniti si sente "costantemente solo", nonostante passi molte ore sui social media. Questo dato evidenzia una realtà complessa: mentre i giovani possono essere circondati da un flusso costante di notifiche e interazioni virtuali, manca loro il contatto profondo e significativo che caratterizza le relazioni autentiche. Le interazioni digitali, spesso ridotte a semplici like, commenti e messaggi veloci, non sono in grado di sostituire la ricchezza delle conversazioni faccia a faccia, dove il tono della voce, le espressioni facciali e il linguaggio corporeo giocano un ruolo cruciale nella costruzione di legami veri.

Il vuoto nelle relazioni virtuali

Molti genitori, come Michela, madre di due adolescenti, osservano questo fenomeno all'interno delle loro case. Michela racconta di vedere i propri figli ridere davanti allo schermo del cellulare, apparentemente coinvolti nelle interazioni virtuali, ma quando il telefono viene spento, sembrano distanti e disinteressati al mondo che li circonda. Questa disconnessione evidenzia una realtà preoccupante: le relazioni virtuali, sebbene numerose e costanti, non sempre risultano gratificanti o in grado di soddisfare i bisogni emotivi dei giovani. Il fatto che i ragazzi passino molto tempo immersi nei social media non significa che si sentano compresi o sostenuti nelle loro emozioni e sfide quotidiane.

L'impatto sull'ansia e la depressione

L'isolamento digitale ha conseguenze significative sulla salute mentale dei giovani. L'assenza di relazioni autentiche e il confronto continuo con vite apparentemente perfette sui social media possono alimentare sentimenti di inadeguatezza, ansia e depressione. L'incapacità di stabilire connessioni profonde e di vivere esperienze sociali reali crea un vuoto emotivo che molti giovani faticano a colmare. Le relazioni superficiali online non offrono il supporto emotivo necessario per affrontare i momenti difficili, lasciando i ragazzi vulnerabili a sentimenti di solitudine e tristezza. Questo è un circolo vizioso: più tempo passano online, più si sentono isolati, e più cercano conforto in un mondo virtuale che non riesce a soddisfare le loro necessità emotive.

Promuovere un uso equilibrato della tecnologia

Gli esperti e gli educatori sottolineano l'importanza di un uso equilibrato della tecnologia per evitare gli effetti negativi dell'isolamento digitale. Favorire attività offline, come lo sport, il volontariato o semplicemente trascorrere tempo con amici e familiari, può aiutare a contrastare la dipendenza dai social media e rafforzare le relazioni autentiche. Le interazioni reali offrono ai giovani l'opportunità di sviluppare competenze sociali, di affrontare le sfide emotive con il supporto di persone care e di sentirsi veramente visti e ascoltati. Un ritorno a una vita più equilibrata, dove la tecnologia è solo uno strumento e non un fine, può contribuire a migliorare il benessere emotivo e psicologico delle nuove generazioni.

Capitolo 5: Tecnologia ed Empatia: Una Contraddizione?

L'empatia è una delle capacità umane più fondamentali, ma è messa a dura prova dall'uso eccessivo della tecnologia. Il contatto umano diretto è essenziale per sviluppare empatia, poiché ci consente di cogliere segnali emotivi complessi come il tono di voce, le espressioni facciali e il linguaggio del corpo. Tuttavia, la comunicazione online elimina molti di questi segnali.

La psicologa Susan Greenfield, nel suo libro Mind Change:

How Digital Technologies Are Leaving Their Mark on Our Brains, sottolinea come l'esposizione prolungata alla comunicazione digitale possa diminuire la capacità di entrare in sintonia con gli altri.

"Interagendo sempre più attraverso schermi, i giovani perdono la capacità di interpretare le emozioni degli altri in modo completo, il che può portare a una diminuzione dell'empatia", spiega Greenfield.

— *Susan Greenfield, *Mind Change: How Digital Technologies Are Leaving Their Mark on Our Brains*, Random House, 2015.*

Questa carenza di empatia è particolarmente evidente nel fenomeno del cyberbullismo. L'anonimo e la distanza creata dallo schermo possono facilitare comportamenti aggressivi o insensibili che sarebbero meno probabili nelle interazioni faccia a faccia. Infatti, il cyberbullismo è diventato una piaga sociale, specialmente tra i più giovani.

Secondo uno studio condotto nel 2020 dall'International Bullying Prevention Association, *Cyberbullying: A Growing Challenge*, 2020., il 60% degli adolescenti ha subito qualche forma di bullismo online. Le vittime spesso si sentono abbandonate e incapaci di difendersi, poiché gli attacchi digitali possono essere costanti e invisibili al mondo esterno. Martina, madre di un ragazzo vittima di cyberbullismo, racconta: "Mio figlio ha iniziato a chiudersi in sé stesso. Gli insulti che riceveva online lo hanno reso più insicuro e ansioso. Non sapevo come aiutarlo perché tutto avveniva su piattaforme che non conosco bene."

Questa mancanza di empatia online solleva la questione di come la tecnologia possa influenzare la capacità dei giovani di sviluppare relazioni autentiche e profonde. È cruciale che le famiglie e le scuole si impegnino nell'educazione all'empatia e alla gestione delle relazioni interpersonali, sia offline che online.

Empatia e tecnologia: una relazione complessa

L'empatia è una delle qualità fondamentali che permette agli esseri umani di comprendere e connettersi profondamente con gli altri. Tuttavia, lo sviluppo dell'empatia richiede un contatto umano diretto, che include il riconoscimento di segnali non verbali come il tono di voce, le espressioni facciali e il linguaggio corporeo. Questi elementi sono essenziali per comprendere appieno i sentimenti e le emozioni di chi abbiamo di fronte. La comunicazione digitale, al contrario, limita drasticamente la nostra capacità di cogliere questi segnali. La mediazione dello schermo riduce la complessità della comunicazione emotiva, creando uno spazio di interazione dove l'empatia rischia di essere gravemente compromessa.

L'effetto della tecnologia sulla capacità di sintonia emotiva

La psicologa Susan Greenfield, *citata prima* , affronta l'impatto che l'uso prolungato della tecnologia ha sulla capacità umana di entrare in sintonia con gli altri. Greenfield evidenzia che, interagendo sempre più spesso attraverso dispositivi digitali, perdiamo la capacità di interpretare le emozioni degli altri in modo completo e accurato. Questo avviene perché i nostri cervelli non ricevono i segnali sociali che tradizionalmente ci aiutano a decifrare i sentimenti e le intenzioni altrui. La carenza di contatti umani diretti, quindi, porta molti giovani a sviluppare un'empatia più limitata, ostacolando la capacità di comprendere il dolore o la gioia di un'altra persona.

Cyberbullismo: una conseguenza della distanza emotiva

Uno degli esempi più evidenti della diminuzione dell'empatia nel mondo digitale è il cyberbullismo. Quando si interagisce attraverso uno schermo, la distanza fisica e l'anonimato possono facilitare comportamenti aggressivi e insensibili, che sarebbero molto meno probabili nelle interazioni faccia a faccia. Il fenomeno del cyberbullismo è in crescita e ha colpito in modo significativo le nuove generazioni. Secondo uno studio del 2020 condotto dall'International Bullying Prevention Association, *Cyberbullying: A Growing Challenge*, 2020., il 60% degli adolescenti ha subito qualche forma di bullismo online. Gli attacchi virtuali, spesso anonimi, possono essere costanti e intensi, rendendo difficile per le vittime difendersi o cercare aiuto. La distanza emotiva che il mezzo digitale crea contribuisce a rendere questi comportamenti più frequenti e meno compassionevoli.

Il trauma del cyberbullismo: l'esperienza delle vittime

Le conseguenze del cyberbullismo possono essere devastanti per chi ne è vittima. Martina, madre di un ragazzo vittima di bullismo online, racconta la sofferenza del figlio: "Mio figlio ha iniziato a chiudersi in sé stesso. Gli insulti che riceveva online lo hanno reso più insicuro e ansioso". Il senso di isolamento e impotenza è comune tra le vittime, poiché gli attacchi online sono spesso invisibili agli occhi di genitori e insegnanti. Questo isolamento emotivo peggiora la capacità dei giovani di chiedere aiuto o trovare conforto nelle relazioni offline. Senza un intervento tempestivo, le vittime di cyberbullismo possono sviluppare gravi problemi di autostima, ansia e depressione.

Educare all'empatia: un antidoto necessario

L'uso della tecnologia non può essere eliminato, ma è cruciale trovare un equilibrio che permetta ai giovani di sviluppare relazioni autentiche e di coltivare l'empatia. Famiglie e scuole devono impegnarsi nell'educazione all'empatia e alla gestione delle relazioni interpersonali, sia nel mondo digitale che in quello reale. Promuovere attività che favoriscono il contatto diretto tra le persone, incoraggiare la comunicazione sincera e aperta, e insegnare ai giovani a riconoscere e rispettare le emozioni degli altri sono passi fondamentali per contrastare l'isolamento emotivo e la mancanza di empatia nel mondo digitale. Solo così sarà possibile costruire una generazione in grado di utilizzare la tecnologia in modo consapevole e rispettoso, senza perdere di vista i valori fondamentali dell'interazione umana.

Capitolo 6: L'Impatto sui Bambini: Un Futuro Digitalizzato

L'infanzia è un momento cruciale per lo sviluppo cognitivo ed emotivo, e l'influenza della tecnologia su questa fase delicata della vita è sempre più evidente. Bambini che passano troppo tempo davanti a schermi o dispositivi digitali possono sperimentare una riduzione delle loro capacità creative, fisiche e sociali.

Il pediatra americano Dimitri Christakis, in uno studio pubblicato su *JAMA Pediatrics*, ha dimostrato che un uso eccessivo degli schermi in età precoce può portare a ritardi nello sviluppo del linguaggio e a una minore capacità di attenzione. "I bambini apprendono e crescono attraverso l'interazione con il mondo reale e con le persone. Quando questa interazione viene sostituita dagli schermi, si perde un'opportunità cruciale per il loro sviluppo", spiega Christakis.

Il problema si estende anche al gioco. Tradizionalmente, il gioco libero era il modo in cui i bambini imparavano a risolvere i conflitti, a lavorare in squadra e a sviluppare la loro creatività. Oggi, molti bambini preferiscono i giochi virtuali, che offrono una gratificazione immediata ma non promuovono lo sviluppo delle abilità sociali e cognitive in modo equivalente.

La testimonianza di un insegnante di scuola primaria, Laura, rivela quanto la tecnologia stia già cambiando la dinamica dell'apprendimento: "I miei alunni sono sempre più impazienti. Vogliono risposte immediate e faticano a concentrarsi su compiti che richiedono riflessione e impegno. Sono abituati a un ritmo di stimolazione che la scuola non può, e non dovrebbe, offrire".

Le famiglie si trovano quindi di fronte a un dilemma: come introdurre la tecnologia nelle vite dei bambini in modo sano? Gli esperti raccomandano di limitare il tempo davanti agli schermi, incoraggiando invece attività fisiche, creative e sociali che promuovano uno sviluppo equilibrato.

L'infanzia nell'era digitale: un periodo di vulnerabilità

L'infanzia è un momento critico per lo sviluppo cognitivo ed emotivo, in cui i bambini apprendono attraverso il contatto diretto con il mondo che li circonda.

Tuttavia, l'introduzione precoce della tecnologia nelle loro vite sta modificando profondamente questa fase di crescita. Bambini che passano troppo tempo davanti a dispositivi digitali rischiano di vedere compromesse alcune delle loro capacità più preziose, come la creatività, la capacità di risolvere problemi e le competenze sociali. I dispositivi digitali, se utilizzati in modo eccessivo o inappropriato, possono interferire con il loro sviluppo naturale, riducendo le opportunità di apprendimento attraverso il gioco e l'interazione con gli altri.

L'effetto della tecnologia sullo sviluppo cognitivo

Il pediatra americano Dimitri Christakis, in uno studio pubblicato su *JAMA Pediatrics*, ha evidenziato come l'eccessivo uso degli schermi durante l'infanzia possa portare a ritardi nello sviluppo del linguaggio e a difficoltà di attenzione. Questi effetti si verificano perché i bambini apprendono meglio attraverso il gioco e le interazioni reali, che permettono loro di sviluppare il pensiero critico e le capacità di comunicazione. "I bambini crescono esplorando il mondo reale e interagendo con gli altri. Quando queste esperienze vengono sostituite dagli schermi, si perde un'opportunità essenziale per il loro sviluppo", afferma Christakis. La mancanza di stimoli sociali e fisici, combinata con l'elevata stimolazione sensoriale degli schermi, può portare a difficoltà nell'attenzione e nella regolazione emotiva.

Il declino del gioco libero e della creatività

Uno degli aspetti più significativi dell'infanzia è il gioco, un'attività che consente ai bambini di esprimere la propria creatività, di sperimentare ruoli diversi e di imparare a risolvere i problemi. Tuttavia, con l'avvento dei giochi virtuali, molti bambini scelgono esperienze digitali che, pur offrendo gratificazioni immediate, non promuovono le stesse competenze cognitive e sociali del gioco tradizionale. I videogiochi e le applicazioni interattive spesso strutturano il gioco in modo predeterminato, riducendo la possibilità per i bambini di esplorare soluzioni creative o di sviluppare le loro capacità di immaginazione. La mancanza di gioco libero può anche ostacolare lo sviluppo delle abilità sociali, poiché i bambini imparano a negoziare, collaborare e risolvere i conflitti interagendo direttamente con i loro coetanei.

La tecnologia e l'apprendimento scolastico

Gli effetti della tecnologia non si limitano solo allo sviluppo sociale e cognitivo, ma si estendono anche all'apprendimento scolastico. Laura, un'insegnante di scuola primaria, ha osservato come la tecnologia stia influenzando il comportamento e l'attenzione dei suoi alunni. "I miei studenti sono sempre più impazienti. Vogliono risposte immediate e faticano a concentrarsi su attività che richiedono riflessione e impegno", racconta. Questo fenomeno può essere attribuito al ritmo rapido con cui i contenuti digitali vengono consumati, creando aspettative di gratificazione istantanea e riducendo la capacità di persistere di fronte a compiti che richiedono sforzo. La scuola, che richiede tempo e pazienza per l'apprendimento, si trova quindi a competere con un mondo digitale che offre stimolazioni rapide e superficiali.

Bilanciare tecnologia e sviluppo sano

Di fronte a questi cambiamenti, le famiglie si trovano a dover prendere decisioni importanti su come integrare la tecnologia nella vita quotidiana dei bambini. Mentre la tecnologia può offrire strumenti educativi preziosi e momenti di svago, è fondamentale che venga utilizzata in modo bilanciato e consapevole. Gli esperti raccomandano di limitare il tempo passato davanti agli schermi, soprattutto nei primi anni di vita, e di incoraggiare attività fisiche, creative e sociali. Il gioco all'aperto, le attività manuali e le interazioni con i coetanei sono tutte esperienze che promuovono lo sviluppo equilibrato dei bambini, favorendo le loro competenze cognitive, emotive e sociali. Solo un uso moderato e ben supervisionato della tecnologia può garantire che i bambini crescano in un ambiente stimolante e arricchente, senza sacrificare le esperienze fondamentali per la loro crescita.

Un'educazione digitale che parte dalla relazione

Per sostenere davvero lo sviluppo sano dei bambini, non basta regolare l'accesso ai dispositivi: è necessario costruire un contesto educativo basato sulla relazione. Il digitale non deve diventare il "sostituto" di un genitore stanco o di un educatore sopraffatto, ma semmai uno strumento da utilizzare insieme. Guardare un video educativo può diventare un momento di condivisione se discusso a voce alta con mamma o papà; un'app può trasformarsi in un'occasione di apprendimento se accompagnata da domande, confronti, racconti personali.

I bambini imparano osservando, e ciò che conta davvero è come gli adulti si rapportano alla tecnologia: se un genitore è costantemente distratto dal cellulare, anche il bambino imparerà che il digitale è più importante della conversazione, del gioco o dello sguardo reciproco. Educare significa allora prima di tutto essere presenti, incarnare l'equilibrio che desideriamo insegnare.

Tecnologia sì, ma con cura e creatività

Un altro aspetto importante è trasformare il digitale da consumo passivo a strumento creativo. Quando i bambini sono guidati nella creazione di contenuti — disegni digitali, storie animate, piccoli video, costruzioni virtuali — la tecnologia può stimolare la fantasia, il pensiero logico e la capacità narrativa. La chiave è offrire strumenti, ma anche contesto e guida. Ogni app o gioco deve essere scelto con cura, valutato non solo per l'intrattenimento che offre, ma per il valore educativo e relazionale che può generare.

Il ruolo della comunità educante

Infine, è importante che la famiglia non si senta sola in questo percorso. Scuole, biblioteche, centri educativi, associazioni e perfino le aziende tecnologiche possono e devono collaborare per creare ambienti favorevoli a un uso sano della tecnologia. Sarebbe auspicabile che ogni scuola dell'infanzia avesse un "patto digitale" condiviso con i genitori, che stabilisca linee guida, orari e buone pratiche per l'uso degli schermi. E che ogni educatore fosse formato non solo all'uso del digitale, ma anche ai suoi effetti sul comportamento, sull'empatia, sullo sviluppo affettivo.

Conclusione: un'infanzia che guarda al futuro

L'infanzia è un tempo sacro, un laboratorio di emozioni, scoperta e stupore. Proteggerla non significa chiudere le porte alla tecnologia, ma aprire quelle giuste. Significa scegliere con attenzione ciò che mettiamo tra le mani dei più piccoli, offrire esperienze che nutrono mente e cuore, e costruire insieme un futuro dove la tecnologia sia alleata, non sostituta, della bellezza dell'esperienza umana.

Capitolo 7: Genitori Digitali, Figli Virtuali

L'era digitale ha portato a una trasformazione del ruolo genitoriale. I genitori di oggi non solo devono educare i figli al rispetto e alle buone maniere, ma anche a un utilizzo sano e responsabile della tecnologia. Tuttavia, molti genitori si trovano a dover fronteggiare una realtà sconosciuta: non hanno vissuto la loro infanzia con gli stessi strumenti tecnologici a disposizione dei loro figli, e non sempre sanno come gestire questa nuova sfida.

Il dottor Jean Twenge, psicologa e autrice di iGen: Why Today's Super-Connected Kids Are Growing Up Less Rebellious, More Tolerant, Less Happy—and Completely Unprepared for Adulthood, afferma:

"I genitori devono stabilire limiti chiari sull'uso della tecnologia, ma allo stesso tempo devono essere modelli di comportamento. Se i genitori sono costantemente incollati ai loro dispositivi, come possono aspettarsi che i figli facciano diversamente?"

— Jean Twenge, *iGen: Why Today's Super-Connected Kids Are Growing Up Less Rebellious, More Tolerant, Less Happy—and Completely Unprepared for Adulthood*, Atria Books, 2017.

Un altro aspetto critico è la privacy dei bambini. Sempre più genitori condividono foto e video dei loro figli sui social media, senza considerare le implicazioni a lungo termine. Un rapporto dell'organizzazione Common Sense Media, *The Common Sense Census: Media Use by Kids Age Zero to Eight*, 2017. ha rilevato che il 92% dei bambini negli Stati Uniti ha una presenza digitale prima ancora di compiere i due anni. Questo fenomeno, chiamato sharenting, solleva questioni etiche riguardo al diritto alla privacy dei minori e ai rischi di esporli involontariamente a pericoli online.

Un esempio concreto di genitorialità digitale responsabile è offerto da Chiara, madre di tre bambini, che ha deciso di introdurre la tecnologia in modo graduale: "In casa nostra, abbiamo stabilito che durante i pasti e nei momenti in famiglia non si usano dispositivi elettronici. Inoltre, i miei figli possono accedere a internet solo sotto la nostra supervisione e per periodi limitati di tempo".

Educare alla consapevolezza digitale non significa vietare la tecnologia, ma aiutare i bambini a capire come utilizzarla in modo sicuro e sano. Questo approccio bilanciato può aiutare a proteggere i più giovani dai pericoli del mondo virtuale, mentre allo stesso tempo li prepara ad affrontare le sfide della società digitale.

La sfida dei genitori nell'era digitale

L'avvento della tecnologia ha trasformato profondamente la genitorialità, rendendo i genitori di oggi protagonisti di una realtà completamente diversa rispetto a quella in cui sono cresciuti. Non solo devono insegnare ai loro figli valori tradizionali come il rispetto e le buone maniere, ma devono anche educarli all'uso consapevole e responsabile della tecnologia. Questa nuova dimensione rappresenta una sfida complessa: la tecnologia è ovunque, e i genitori devono imparare a gestirla senza aver avuto un modello precedente a cui fare riferimento. Per molti, non è solo una questione di stabilire limiti, ma anche di capire i rischi e le opportunità che essa offre.

L'importanza dell'esempio genitoriale

Come sottolinea la psicologa Jean Twenge, citata precedentemente, nel suo libro *iGen*,

i genitori giocano un ruolo cruciale nell'influenzare il comportamento digitale dei loro figli. "I genitori devono stabilire limiti chiari sull'uso della tecnologia, ma allo stesso tempo devono essere modelli di comportamento", afferma Twenge. Questo significa che non basta semplicemente

imporre regole sull'uso dei dispositivi, ma è altrettanto importante che i genitori dimostrino un utilizzo equilibrato e responsabile della tecnologia. Se un bambino vede i propri genitori costantemente immersi nei loro smartphone o tablet, sarà difficile convincerlo che un uso eccessivo di questi strumenti non sia sano. La coerenza tra le parole e le azioni è fondamentale per educare i figli a un rapporto positivo con il mondo digitale.

Sharenting: i rischi della sovraesposizione digitale

Un fenomeno in crescita tra i genitori di oggi è lo sharenting, ovvero la condivisione di foto e video dei propri figli sui social media. Se da un lato questo permette ai genitori di condividere momenti speciali con amici e parenti, dall'altro solleva importanti questioni etiche e di sicurezza. Secondo un rapporto di Common Sense Media, *The Common Sense Census: Media Use by Kids Age Zero to Eight*, 2017., il 92% dei bambini negli Stati Uniti ha già una presenza digitale prima di compiere due anni. Questo dato preoccupante evidenzia il rischio che i bambini possano essere esposti involontariamente a pericoli online, come il furto d'identità o l'uso improprio delle loro immagini. Inoltre, molti bambini, una volta cresciuti, potrebbero non essere d'accordo con l'esposizione pubblica della loro vita privata durante l'infanzia. I genitori, quindi, devono riflettere attentamente sulle implicazioni di condividere contenuti legati ai loro figli e proteggere la loro privacy, assicurandosi che abbiano il controllo sulle loro identità digitali.

Esempi di genitorialità digitale responsabile

Alcuni genitori hanno già adottato misure per gestire l'uso della tecnologia in casa in modo più consapevole. Chiara, madre di tre bambini, ha scelto di introdurre la tecnologia gradualmente e con regole ben precise: "In casa nostra, abbiamo stabilito che durante i pasti e nei momenti in famiglia non si usano dispositivi elettronici. Inoltre, i miei figli possono accedere a internet solo sotto la nostra supervisione e per periodi limitati di tempo". Questo approccio bilanciato consente ai bambini di sperimentare la tecnologia senza esserne sopraffatti e di sviluppare altre competenze importanti attraverso il gioco, la lettura e l'interazione sociale. È un esempio di come i genitori possano aiutare i propri figli a navigare nel mondo digitale senza rinunciare alle esperienze fondamentali dell'infanzia.

Educare alla consapevolezza digitale

La chiave per una genitorialità digitale responsabile non sta nel proibire la tecnologia, ma nell'educare i bambini a usarla in modo sicuro e consapevole. Questo significa insegnare loro a riconoscere i pericoli, come il cyberbullismo o le truffe online, ma anche a bilanciare il tempo trascorso davanti agli schermi con altre attività. Educare alla consapevolezza digitale implica anche parlare apertamente di temi come la privacy e il rispetto degli altri online. Questo approccio non solo aiuta a proteggere i bambini dai rischi del mondo virtuale, ma li prepara anche ad affrontare in modo più consapevole e autonomo le sfide della società digitale in cui stanno crescendo.

In conclusione, i genitori di oggi si trovano ad affrontare una sfida unica: quella di educare i propri figli in un mondo in cui la tecnologia è onnipresente. Attraverso un approccio equilibrato, basato su regole chiare e sul buon esempio, è possibile aiutare i bambini a sviluppare un rapporto sano con la tecnologia, preparandoli ad affrontare con consapevolezza il loro futuro digitalizzato.

Capitolo 8: Educare alla Consapevolezza Digitale

Educare i giovani alla consapevolezza digitale è forse la sfida più grande di questa generazione.

Non si tratta solo di insegnare l'uso tecnico degli strumenti, ma di trasmettere un senso di responsabilità e consapevolezza su come la tecnologia influenzi la vita quotidiana, le relazioni e la salute mentale.

La competenza digitale deve includere non solo l'alfabetizzazione tecnologica, ma anche la capacità di discernere tra informazioni vere e false,

— *Sonia Livingstone, *Children and Parents: Media Use and Attitudes Report*, LSE, 2020.*

e di comprendere l'impatto che la propria presenza online ha sugli altri", afferma Sonia Livingstone, professoressa di Psicologia sociale e autrice di numerosi studi sull'educazione digitale.

Secondo Livingstone, una vera educazione alla consapevolezza digitale deve iniziare nelle scuole, ma deve essere supportata anche a casa.

Un esempio di questo tipo di educazione viene dall'esperienza di una scuola secondaria in Svezia, dove è stato introdotto un programma di "dieta digitale".

Gli studenti sono incoraggiati a riflettere sull'uso che fanno della tecnologia e a esplorare attività alternative. Uno degli insegnanti, Maria Svensson, spiega: "Abbiamo scoperto che molti studenti non erano consapevoli di quanto tempo passassero online e del fatto che questo influisse sul loro benessere. Attraverso semplici esercizi di mindfulness e riflessione, stiamo cercando di riequilibrare la loro vita digitale".

L'educazione alla consapevolezza digitale deve includere anche un insegnamento sulla privacy e la sicurezza online. Proteggere i propri dati personali e saper riconoscere le truffe digitali sono competenze fondamentali nel mondo di oggi. L'insegnamento di queste abilità dovrebbe essere una parte integrante del curriculum scolastico, per preparare i giovani a vivere in un mondo sempre più digitalizzato in modo sicuro e responsabile.

L'importanza dell'educazione digitale consapevole

Educare i giovani alla consapevolezza digitale è una necessità sempre più impellente in una società dominata dalla tecnologia. Non si tratta soltanto di fornire competenze tecniche legate all'uso di dispositivi e piattaforme, ma di aiutare i ragazzi a sviluppare una consapevolezza critica sull'impatto che la tecnologia ha su vari aspetti della loro vita. La tecnologia modella il modo in cui interagiamo con gli altri, influenza la nostra percezione della realtà e, soprattutto, può avere ripercussioni sulla nostra salute mentale. Di conseguenza, è essenziale che l'educazione digitale non si limiti all'alfabetizzazione tecnica, ma includa anche la capacità di prendere decisioni informate e responsabili.

Discernere tra informazione e disinformazione

Uno degli aspetti centrali della consapevolezza digitale è la capacità di discernere tra informazioni vere e false. Le piattaforme digitali, specialmente i social media, sono piene di notizie, opinioni e contenuti che possono sembrare autentici ma che spesso non lo sono. Come sottolinea la professoressa Sonia Livingstone, "La competenza digitale deve includere la capacità di riconoscere la disinformazione e di valutare criticamente le fonti di informazione". Questo è particolarmente importante per i giovani, che sono spesso esposti a contenuti manipolatori o fuorvianti. L'educazione deve quindi insegnare loro non solo a navigare in rete, ma a sviluppare un pensiero critico che li aiuti a riconoscere quando sono di fronte a informazioni inaffidabili.

La responsabilità della presenza online

Oltre alla capacità di distinguere il vero dal falso, i giovani devono anche essere consapevoli dell'impatto che la loro presenza online può avere sugli altri. Pubblicare un commento, condividere un post o semplicemente mettere un "like" può sembrare un gesto innocuo, ma può influenzare profondamente la vita altrui. Viviamo in un'epoca in cui il cyberbullismo e la violenza verbale sono purtroppo diffusi, e i giovani devono comprendere che le loro azioni online hanno conseguenze. È quindi essenziale che l'educazione digitale promuova valori come il rispetto, l'empatia e la responsabilità, affinché i ragazzi possano usare la tecnologia in modo positivo e costruttivo.

Il modello svedese della "dieta digitale"

Un esempio di educazione alla consapevolezza digitale ben strutturata viene dalla Svezia, dove una scuola secondaria ha introdotto un programma di "dieta digitale". Questo progetto mira a far riflettere gli studenti sull'uso che fanno della tecnologia, incoraggiandoli a esplorare alternative più sane e bilanciate. Come spiega l'insegnante Maria Svensson, "Abbiamo scoperto che molti studenti non erano consapevoli di quanto tempo passassero online e del fatto che questo influisse sul loro benessere. Attraverso semplici esercizi di mindfulness e riflessione, stiamo cercando di riequilibrare la loro vita digitale". Questa iniziativa ha mostrato risultati positivi, con molti studenti che hanno ridotto il tempo trascorso online e hanno riscoperto attività creative o sportive.

Privacy e sicurezza: competenze fondamentali

L'educazione alla consapevolezza digitale deve includere anche un'attenzione particolare alla privacy e alla sicurezza online. I giovani, nativi digitali, sono spesso più vulnerabili ai rischi del web, come il furto di dati personali o le truffe digitali. È quindi fondamentale che imparino a proteggere le loro informazioni, a riconoscere i segnali di potenziali truffe e a essere consapevoli di chi può avere accesso ai loro dati. Queste competenze dovrebbero diventare parte integrante del curriculum scolastico, per garantire che le nuove generazioni siano preparate a navigare in un mondo sempre più digitalizzato in modo sicuro e responsabile.

Insegnare la consapevolezza digitale non è solo una sfida educativa, ma una responsabilità sociale. Genitori, scuole e istituzioni devono collaborare per fornire ai giovani gli strumenti necessari per affrontare le complessità del mondo digitale. Non si tratta di demonizzare la tecnologia, ma di educare a un uso consapevole che permetta ai ragazzi di sfruttare i vantaggi del digitale senza subirne gli effetti negativi.

Perché la verità è che molti ragazzi usano strumenti potenti senza possedere le chiavi per comprenderli fino in fondo. Un semplice clic può aprire le porte a esperienze straordinarie, ma anche a pericoli invisibili. Dal phishing mascherato da un messaggio amichevole, fino ai cookie traccianti che seguono ogni passo online, ogni interazione può avere conseguenze reali. Eppure, troppo spesso, queste dinamiche rimangono nascoste dietro interfacce colorate e interazioni apparentemente innocue.

La formazione sulla sicurezza online non deve essere vissuta come un allarme costante, ma come un'educazione alla libertà. Perché sapere come proteggersi significa anche saper scegliere, saper dire no, saper riconoscere il valore della propria identità digitale. Significa diventare cittadini digitali attivi e consapevoli, capaci di muoversi tra opportunità e insidie con spirito critico.

In questo contesto, anche il ruolo degli adulti diventa cruciale: non è sufficiente limitare l'accesso o impostare un controllo parentale, se non si accompagna il tutto con una spiegazione, con un dialogo, con l'esempio. Un ragazzo che comprende il motivo di una regola sarà più incline a rispettarla; un ragazzo che si sente ascoltato sarà più pronto a chiedere aiuto.

La privacy non è solo un concetto tecnico, ma un diritto umano che va insegnato, rispettato e protetto. E la sicurezza non riguarda solo il bloccare virus o evitare truffe, ma anche la costruzione di un'identità digitale sana, coerente, protetta dalle pressioni e dalle manipolazioni esterne.

Preparare le nuove generazioni a questi temi significa aiutarle a costruire una presenza online che sia sicura, autentica e rispettosa degli altri. È un investimento nel futuro: perché un giovane consapevole oggi sarà un adulto libero e responsabile domani.

Per i docenti:

Gli insegnanti svolgono un ruolo chiave nell'alfabetizzazione digitale. Integrare questi temi nei programmi scolastici non richiede strumenti tecnologici avanzati, ma la volontà di aprire spazi di discussione, proporre esercizi pratici e analizzare casi reali con spirito critico. Educare alla sicurezza digitale può diventare un'occasione per sviluppare anche altre competenze trasversali: pensiero critico, autonomia, responsabilità. Ogni aula può trasformarsi in un laboratorio di cittadinanza digitale, dove si insegna non solo a usare la tecnologia, ma a farlo con consapevolezza e rispetto.

Per i genitori:

Essere genitori nell'era digitale significa anche essere educatori digitali. Non è necessario essere esperti di tecnologia: è sufficiente essere presenti, curiosi e disposti ad ascoltare. Parlare di privacy e sicurezza con i propri figli, anche attraverso esempi concreti e dialoghi semplici, è il primo passo per costruire fiducia. È importante stabilire regole condivise, ma anche flessibili, capaci di adattarsi all'età e alle esigenze del bambino o dell'adolescente. E soprattutto, mostrare con l'esempio che anche gli adulti possono — e devono — usare il digitale con responsabilità.

Capitolo 9: Il Futuro delle Relazioni

Le relazioni umane continueranno a evolversi insieme alla tecnologia. Alcuni sociologi prevedono che nei prossimi decenni le interazioni virtuali diventeranno sempre più immersive, grazie alla realtà aumentata e alla realtà virtuale. Questo permetterà alle persone di interagire in modi nuovi, ma al tempo stesso potrebbe allontanarle ulteriormente dal contatto diretto.

Come osserva Matthew Ball nel suo libro The Metaverse: And How it Will Revolutionize Everything* (Liveright, 2022), il metaverso potrebbe diventare un'estensione naturale della nostra vita sociale, ma "rischia di sostituire le connessioni autentiche con esperienze mediate dalla tecnologia".

—Matthew Ball,* The Metaverse: And How it Will Revolutionize Everything* (Liveright, 2022).

Le testimonianze di giovani che utilizzano piattaforme di realtà virtuale come VRChat mostrano che, se da un lato queste tecnologie offrono nuove opportunità di socializzazione, dall'altro rischiano di trasformare le relazioni in interazioni superficiali e mediate da avatar, senza il calore e la complessità delle interazioni faccia a faccia.

L'impatto a lungo termine di queste tecnologie sulle relazioni umane rimane incerto. Tuttavia, è fondamentale che le nuove generazioni imparino a utilizzare questi strumenti in modo equilibrato, mantenendo viva la capacità di creare legami autentici anche fuori dal mondo virtuale.

L'evoluzione delle relazioni umane con la tecnologia

Le relazioni umane stanno attraversando una trasformazione profonda grazie ai progressi tecnologici, e questo cambiamento sembra destinato a intensificarsi nei prossimi decenni. Tecnologie come la realtà aumentata (AR) e la realtà virtuale (VR) promettono di rivoluzionare il modo in cui interagiamo, rendendo le esperienze virtuali sempre più immersive e realistiche. Secondo alcuni sociologi, queste innovazioni potrebbero portare le persone a trascorrere più tempo in ambienti digitali, dove potranno incontrarsi, comunicare e persino vivere esperienze insieme, senza mai uscire dalle proprie case.

Il metaverso: un futuro di interazioni virtuali

Nel suo libro *The Metaverse: And How it Will Revolutionize Everything*, Matthew Ball descrive come il metaverso possa diventare un'estensione naturale della vita sociale. Questo universo virtuale, accessibile tramite dispositivi digitali, permetterà a chiunque di creare identità virtuali (avatar) e di partecipare a eventi, incontri e attività che simulano la realtà fisica. Per esempio, le persone potranno "incontrarsi" in luoghi virtuali per discutere, lavorare o giocare, abbattendo così le barriere geografiche. Tuttavia, Ball avverte anche dei potenziali rischi: l'immersione nel metaverso potrebbe allontanare ulteriormente le persone dalle interazioni fisiche, sostituendo le connessioni autentiche con esperienze mediate da tecnologia.

Relazioni superficiali o nuove opportunità di connessione?

L'aspetto controverso delle tecnologie immersive, come la realtà virtuale, è che possono offrire esperienze di socializzazione apparentemente più ricche ma che, in realtà, rischiano di creare relazioni meno autentiche. Le testimonianze di giovani che utilizzano piattaforme come VRChat, una delle più popolari nel campo della realtà virtuale, mostrano chiaramente questo dualismo. Da un lato, queste tecnologie aprono nuove opportunità per socializzare con persone da tutto il mondo, offrendo anche a chi è isolato la possibilità di sentirsi parte di una comunità. Dall'altro, però,

l'interazione mediata da avatar tende a perdere la complessità e il calore tipici dei rapporti umani diretti. La mancanza di contatto fisico, di espressioni facciali e di linguaggio corporeo può rendere queste relazioni più superficiali e distanti.

Il rischio di una disconnessione fisica

L'interazione umana, con tutta la sua ricchezza emotiva e sensoriale, rischia di essere compromessa da una dipendenza crescente dalla tecnologia. Uno degli aspetti più critici di questa trasformazione è che, mentre le relazioni virtuali possono essere convenienti e accessibili, non sono in grado di sostituire pienamente le relazioni faccia a faccia. Come ha spiegato lo psicologo Stephen Porges con la sua teoria della "connessione sociale", il contatto umano diretto è fondamentale per la salute psicologica. Questo tipo di interazione stimola il sistema nervoso in modi che le interazioni virtuali non possono replicare, e la sua mancanza potrebbe portare a una maggiore solitudine e a una diminuzione del senso di appartenenza.

Il futuro delle relazioni umane: equilibrio tra virtuale e reale

L'impatto a lungo termine di queste tecnologie sulle relazioni umane rimane incerto, ma è chiaro che le generazioni future dovranno affrontare sfide senza precedenti. La chiave per affrontare questi cambiamenti risiede nell'equilibrio. Mentre le tecnologie immersive possono offrire nuove forme di connessione e opportunità, è essenziale che le persone non perdano di vista l'importanza delle relazioni reali e del contatto fisico. Come in molti altri ambiti della vita, l'equilibrio tra il mondo virtuale e quello reale sarà cruciale per preservare la profondità e l'autenticità delle relazioni umane.

Capitolo 10

Solitudine Condivisa

La Paradossale Intimità della Rete

Il silenzio dietro le notifiche

Ogni giorno riceviamo centinaia di messaggi, notifiche, cuori, reazioni. Ma quante di queste interazioni ci fanno sentire realmente visti? Quante ci permettono di essere ascoltati senza fretta? La "solitudine condivisa" è il fenomeno per cui, pur essendo costantemente connessi, ci sentiamo irrimediabilmente soli. È un paradosso della modernità.

L'illusione della compagnia

Come osserva Sherry Turkle, "ci sentiamo soli anche in compagnia, se questa compagnia è solo digitale". Viviamo in bolle in cui ci raccontiamo attraverso foto filtrate, bio curate e frasi ad effetto, ma raramente ci mostriamo nella nostra autenticità, con le nostre fragilità. La compagnia virtuale diventa una performance.
Testimonianza: Davide, 24 anni: "Ho oltre 1000 follower, ma quando ho avuto un momento difficile, non sapevo a chi scrivere. Avevo paura di disturbare, di non essere capito. È lì che ho capito quanto ero solo

."Comunicare per riempire il vuoto

Molti post nascono non per condividere davvero qualcosa, ma per sentirsi meno soli. La comunicazione diventa compulsiva: scrolliamo, commentiamo, reagiamo, non tanto per interesse, quanto per sentirci vivi. Ma questo rumore continuo copre, anziché colmare, il vuoto emotivo.

Il bisogno biologico di relazione autentica

Secondo lo psicologo John Cacioppo, la solitudine cronica è dannosa quanto fumare 15 sigarette al giorno. Il nostro cervello ha bisogno di empatia, di contatto visivo, di conversazioni reali. Le interazioni online, se non equilibrate, possono disattivare i circuiti sociali profondi.

Testimonianze dal mondo educativo

Un'insegnante di scuola superiore racconta: "I miei studenti sono iperconnessi, ma sempre più chiusi. Quando facciamo attività in cui devono parlare tra loro senza telefoni, si sentono spaesati. Alcuni, però, si sciolgono. Tornano umani."

Maria, 17 anni: "Non sapevo più come iniziare una conversazione se non con una reaction. Adesso, piano piano, ci sto provando."**Solitudine e performance**
Il bisogno di apparire sempre felici e produttivi ha trasformato i social in palcoscenici. Nessuno vuole parlare dei momenti bui. Questo alimenta il senso di inadeguatezza: tutti sembrano felici tranne noi.

Quando l'amicizia è solo un algoritmo
Le piattaforme propongono amici, relazioni, interessi. Ma quanto c'è di reale in tutto questo? Gli algoritmi non conoscono i nostri silenzi, i nostri traumi, le nostre sfumature. Sanno solo cosa clicchiamo.

Il valore della lentezza e del silenzio
Recuperare spazi di silenzio, di ascolto reciproco, di tempo non mediato da schermi è un atto rivoluzionario. Le relazioni vere richiedono tempo, pazienza, presenza. Non c'è "modalità veloce" per l'empatia.
Strategie educative• Laboratori di comunicazione autentica: nelle scuole si possono creare spazi di dialogo dove i ragazzi si parlano guardandosi negli occhi, senza interruzioni digitali.
• Settimane senza social: esperienze guidate di "disintossicazione sociale" per riscoprire la propria voce interiore.
• Cerchi di ascolto nelle famiglie: momenti in cui genitori e figli si raccontano senza dispositivi.

Conclusione: imparare a stare con sé stessi
La vera connessione parte da dentro. Solo quando impariamo a stare con noi stessi, possiamo davvero connetterci con l'altro. La solitudine, accolta e compresa, può trasformarsi in forza. Ma per farlo, dobbiamo smettere di riempirla compulsivamente con notifiche.

CAPITOLO 11
Generazione Voce

In un'epoca dominata dall'immagine, in cui lo sguardo è costantemente bombardato da contenuti visivi, un cambiamento silenzioso sta attraversando le nuove generazioni: **il ritorno alla voce**.

Negli ultimi anni, i messaggi vocali, i podcast e le narrazioni audio hanno conquistato spazio nel cuore dei giovani. È come se, nel caos visivo dei social media, si fosse fatto strada un bisogno profondo: **essere ascoltati**.

Alessandro, 16 anni, lo spiega così:

> "Mandare un vocale mi aiuta a dire davvero come mi sento. Scrivere mi mette pressione, è come se dovessi sembrare sempre brillante."

> La voce è intima, diretta, imperfetta. **Non mente**. Un sospiro, un'esitazione, un tremolio sono segnali che sfuggono alla scrittura. Parlare, oggi, non è solo un mezzo per comunicare: è un modo per esistere

Il potere narrativo della voce

L'ascesa dei podcast ha rivoluzionato il modo di raccontarsi. A differenza dei post scritti, che richiedono struttura, punteggiatura, "presenza scenica", la voce si presta a una comunicazione più umana. Si possono registrare pensieri notturni, confessioni improvvise, riflessioni senza filtro.

Una ricerca della *University of Southern California* ha rilevato che **ascoltare una voce attiva più regioni cerebrali legate all'empatia** rispetto alla lettura di un testo . Questo dimostra come il suono della voce possa diventare uno strumento di **connessione emotiva profonda**.

Generazione Voce, ma senza ascolto?

Paradossalmente, viviamo nell'epoca in cui tutti parlano, ma pochi ascoltano. I messaggi vocali spesso vengono riprodotti in velocità doppia. Le conversazioni audio diventano monologhi unidirezionali. **Chi ascolta davvero?**

L'educazione all'ascolto è fondamentale. Senza l'ascolto, anche la voce rischia di diventare rumore. **Non basta parlare col cuore: serve qualcuno che quel cuore lo accolga.**

Intimità vocali: testimonianze

Chiara, 20 anni, racconta:

> "Con il mio ragazzo ci lasciamo vocali ogni mattina. È come avere un pezzetto di lui con me tutto il giorno."

Simone, educatore in un centro giovanile, spiega:

> "Nei gruppi uso attività vocali. I ragazzi registrano un pensiero e poi lo riascoltano. Questo li aiuta a conoscersi meglio, a mettere ordine tra le emozioni."

Queste esperienze dimostrano che la voce può diventare un ponte: tra sé e sé, tra sé e l'altro, tra generazioni.

Il ritorno della narrazione orale

La voce ci riporta al cerchio intorno al fuoco, alle fiabe sussurrate dalla nonna, alle storie condivise prima di dormire. Narrare ad alta voce **è un atto di cura**. I giovani lo stanno riscoprendo, e con loro anche la scuola.

Ecco alcune iniziative che si stanno diffondendo:
- **Laboratori scolastici di podcasting**: gli studenti imparano a scrivere, registrare e raccontare storie personali.
- **Progetti intergenerazionali**: ragazzi che registrano le voci dei nonni, per custodire la memoria familiare.
- **Terapie con la voce**: psicologi che usano tecniche di auto-narrazione vocale per elaborare traumi e rafforzare l'identità.

La voce come ponte tra generazioni

In un mondo dove i giovani leggono sempre meno e gli adulti parlano sempre più, **la voce può essere un punto di incontro**. Parlare a voce, senza la mediazione dello scritto, può abbassare il muro del giudizio. La voce arriva diretta, calda, umana.

Empatia sonora

Ogni emozione ha una frequenza. La voce è la sua espressione più pura.
Educare all'empatia vocale significa imparare ad ascoltare non solo le parole,
ma i silenzi, le inflessioni, le pause. È un'educazione affettiva che parte dall'udito,
non dalla vista.

Criticità e limiti

Anche questo nuovo mondo vocale ha le sue ombre:
- **Abuso dei vocali** come sfogo impulsivo.
- **Sovraesposizione intima** in contesti pubblici.
- **Narrazioni distorte** che possono manipolare o ferire.

Serve equilibrio. Serve educazione. Serve tempo.

Conclusione: parlare col cuore

La Generazione Voce non è solo quella che invia audio, ma quella che **cerca
profondamente un ascolto vero**. Dare spazio alla voce significa dare spazio
all'umano, in tutte le sue sfumature.

È un cambiamento silenzioso, ma potentissimo. E forse, proprio grazie alla voce,
torneremo a guardarci negli occhi. Dopo averci ascoltati davvero.

CAPITOLO 12:
IL TEMPO RUBATO–
L'EFFETTO DELLA DISCONNESSIONE SUL PRESENTE

Il tempo è una delle risorse più preziose che possediamo, eppure nella società iperconnessa di oggi, sembra essere la prima a sfuggirci. Lo perdiamo in piccole dosi: qualche scroll su Instagram, un video consigliato su mi YouTube, una notifica da controllare "al volo". Un volo che, però, ci porta lontano dal presente, dalle persone accanto a noi, e perfino da noi stessi.

Uno studio condotto dalla Harvard Business Review nel 2023 ha rilevato che il 60% degli adulti verifica il proprio telefono almeno 96 volte al giorno. Questo dato sconcertante riflette non solo una nuova abitudine, ma una vera e propria condizione di *distrazione cronica*. Siamo presenti fisicamente, ma mentalmente altrove. La mente viaggia di piattaforma in piattaforma, mentre la vita reale accade – e spesso ci sfugge.

Questa disconnessione dal presente ha effetti diretti sulla qualità delle relazioni. Genitori che, durante i pasti, rispondono alle e-mail. Figli che, in macchina, non parlano più, rapiti da schermi luminosi. Coppie che, pur sedute allo stesso tavolo, non si guardano. La tecnologia, anziché darci più tempo, ce ne sta rubando una parte fondamentale: **quella vissuta insieme**.

La psicoterapeuta americana Nancy Colier, autrice di *The Power of Off*, sottolinea:

> "Siamo sempre raggiungibili, ma non più realmente presenti. Abbiamo perso il diritto al silenzio, all'ascolto e alla pausa."
> — Nancy Colier, *The Power of Off*, Sounds True, 2016.

Il problema non è la tecnologia in sé, ma l'assenza di spazi di disconnessione. L'abitudine di controllare lo smartphone ogni pochi minuti frammenta il tempo e la concentrazione, impedendo esperienze profonde, siano esse emotive, spirituali o semplicemente quotidiane.

Marco, padre di due figli adolescenti, racconta:

> "Una sera ho chiesto a mia figlia di dirmi cosa ricordasse dell'intera giornata. Mi ha guardato, confusa. Neanche io ricordavo bene. Tutto era sfocato, inghiottito dalle notifiche".

La mancanza di tempo di qualità alimenta frustrazione e senso di vuoto. Le emozioni non elaborate si accumulano, le relazioni si raffreddano, la mente si sovraccarica. Questo ciclo, invisibile ma potente, mina la nostra salute emotiva.

Un'antica massima zen recita:

"Quando cammini, cammina. Quando mangi, mangia."

Un invito semplice, oggi quasi rivoluzionario. **Essere presenti** è un atto di amore verso sé stessi e verso gli altri.
Educare i bambini a "non fare niente" per qualche momento al giorno – a contemplare, giocare senza scopi, guardare il cielo – è il primo passo per liberarsi dal tempo rubato.

Serve una nuova consapevolezza: **la presenza è un dono che si offre, non si impone.** E quando ci doniamo davvero, anche solo per dieci minuti al giorno, le relazioni tornano a fiorire. Il tempo torna a fluire in modo pieno. La vita, a essere vissuta.

Capitolo 13:
Ricostruire il Contatto–
Esperienze di Rinascita fuori dal Digitale

In un'epoca in cui la connessione digitale sembra essere il metro di ogni relazione, alcune famiglie, scuole e comunità stanno riscoprendo la forza delle relazioni autentiche. **Non per nostalgia**, ma per necessità. Perché, quando tutto diventa virtuale, l'umano – quello vero – manca come l'aria.

Ci sono storie che mostrano che una strada diversa è possibile. Come quella di una scuola elementare in Emilia-Romagna che ha introdotto il progetto *"Sabati senza schermo"*: ogni fine settimana, bambini e genitori ricevono una "sfida" da completare insieme – una passeggiata nel bosco, un pranzo preparato insieme, una giornata senza telefono. Il preside racconta:

> "Le famiglie all'inizio erano scettiche. Ora ci ringraziano. I bambini tornano a scuola con gli occhi brillanti e storie vere da raccontare".

Anche in ambito parrocchiale stanno nascendo iniziative nuove. Don Michele, parroco in provincia di Avellino, ha lanciato un percorso per adolescenti chiamato *"Parla con me, non con il display"*, in cui, una volta a settimana, ragazzi e ragazze lasciano il cellulare all'ingresso e si incontrano per attività di gruppo, giochi, ascolto.

> "Abbiamo scoperto che molti di loro non sanno più raccontarsi. Ma quando rompi il ghiaccio, si aprono, ridono, si emozionano. Ed è lì che nasce la vera connessione".

La psicologa clinica Catherine Steiner-Adair, autrice di *The Big Disconnect*, scrive:

> "I bambini oggi hanno bisogno di sentirsi guardati, ascoltati, percepiti nel profondo. Nessuna app potrà mai sostituire la presenza emotiva di un genitore."
> — Catherine Steiner-Adair, *The Big Disconnect: Protecting Childhood and Family Relationships in the Digital Age*, Harper, 2013.

Anche nei contesti familiari qualcosa si muove. Elena e Roberto, genitori di tre figli, hanno deciso di spegnere il Wi-Fi di casa ogni sera dalle 20:00 alle 7:00. "All'inizio è stata dura. Poi abbiamo scoperto il piacere delle chiacchiere sul divano, dei giochi da tavolo, del silenzio condiviso."

Le iniziative di "detox digitale" non sono una fuga dalla realtà, ma un ritorno ad essa. Si tratta di riappropriarsi del corpo, dello sguardo, della voce. Di tornare a *sentire* davvero. Perché nessuna notifica potrà mai eguagliare il valore di un abbraccio, di un dialogo profondo, di una risata attorno a un tavolo.

È possibile costruire nuove abitudini, se lo si fa insieme.
È possibile ricostruire il contatto umano, se si ha il coraggio di fermarsi, guardarsi negli occhi e dire: *"Sono qui. Con te. Ora."*

Conclusioni: Ritrovare l'Equilibrio

Le tecnologie emergenti come il metaverso e la realtà virtuale promettono di cambiare il modo in cui costruiamo le nostre relazioni, ma è fondamentale che l'uso di questi strumenti non sostituisca le esperienze umane dirette. Mantenere viva la capacità di creare legami autentici e profondi fuori dal mondo virtuale sarà essenziale per il benessere emotivo e sociale delle generazioni future.

In definitiva, la tecnologia è uno strumento potente, ma come tutti gli strumenti, il suo impatto dipende da come lo utilizziamo. La sfida più grande della nostra ep oca è quella di trovare un equilibrio tra i benefici che la tecnologia ci offre e i suoi effetti negativi. La tecnologia può connetterci, informarci e arricchire le nostre vite, ma se non usata con attenzione, rischia di isolarci e di impoverire le nostre relazioni.

È fondamentale che i genitori, gli educatori e la società in generale comprendano l'importanza di educare le nuove generazioni non solo a utilizzare la tecnologia, ma anche a farlo in modo consapevole e responsabile. Questo significa insegnare ai giovani a trovare il giusto equilibrio tra il mondo digitale e quello reale, a valorizzare le relazioni umane autentiche e a non lasciarsi definire dalle interazioni virtuali.

La tecnologia è destinata a evolversi e a diventare sempre più presente nelle nostre vite, ma l'empatia, la connessione umana e la capacità di comprendere e sostenere gli altri sono qualità che non possono essere replicate da nessuna macchina o piattaforma digitale. Come sostiene la psicologa Sherry Turkle: "La vera sfida non è sbarazzarsi della tecnologia, ma imparare a vivere con essa senza permetterle di governare le nostre vite". Questo richiede una riflessione profonda e una costante ricerca di equilibrio.

Le testimonianze dei giovani e dei genitori raccolte in questo libro dimostrano che, pur tra difficoltà e dubbi, è possibile trovare questo equilibrio. Genitori come Chiara, insegnanti come Maria e tanti altri dimostrano che con attenzione, regole e consapevolezza possiamo sfruttare i vantaggi della tecnologia senza lasciarci travolgere dai suoi rischi.

Ma questo percorso richiede coraggio. Il coraggio di porre limiti in un mondo che non conosce freni, di scegliere il dialogo anziché il silenzio comodo degli schermi, di rallentare quando tutto intorno corre. Richiede una visione chiara: quella di un futuro in cui la tecnologia sia un alleato e non un padrone, uno strumento al servizio della relazione, non un sostituto.

Stiamo vivendo un'epoca di trasformazione profonda. I confini tra reale e virtuale si fanno sempre più labili, e con essi anche quelli tra presenza e assenza, tra connessione e solitudine. In questo contesto, educare al digitale non significa solo spiegare come funziona un dispositivo, ma soprattutto mostrare cosa significa essere presenti, attenti, vivi.

È necessario tornare a coltivare l'intelligenza emotiva, il pensiero critico, la capacità di stare nell'attesa. Tre abilità che nessun social media ci insegna, ma che fanno la differenza tra un'esistenza piena e una semplice reazione automatica agli stimoli digitali. Solo così potremo formare generazioni capaci di dominare gli strumenti che usano, invece di esserne dominate.

Il futuro sarà tecnologico, questo è certo. Ma l'umanità che sapremo custodire oggi determinerà la qualità delle relazioni di domani. E per farlo, dobbiamo avere il coraggio di porci domande scomode: Quanto tempo reale sto dedicando alle persone che amo? Quali valori sto trasmettendo, anche quando non parlo? Quali silenzi sto riempiendo con notifiche, invece che con ascolto?

L'educazione digitale è anche, e forse soprattutto, un atto d'amore. Un atto che chiede presenza, pazienza, esempio. Perché i nostri figli non imparano a usare la tecnologia solo con le parole, ma osservando come noi la viviamo. Se ci vedranno spegnere il telefono per ascoltarli, lo ricorderanno. Se ci vedranno scegliere un momento reale invece di una distrazione virtuale, lo impareranno.

In questo senso, la speranza non è un'illusione, ma una possibilità concreta. Una possibilità fatta di piccoli gesti quotidiani, di scelte controcorrente, di consapevolezze che si costruiscono nel tempo. È questa la sfida che ci attende: educare alla tecnologia senza perdere l'anima.

E in questo cammino, ogni sforzo, ogni errore riconosciuto, ogni tentativo di fare meglio, ha un valore incalcolabile.

Perché ogni passo verso un uso più umano della tecnologia è anche un passo verso un futuro più autentico.

Riflessione dell'autore: Come padre nell'era digitale

Scrivere questo libro ha rappresentato per me, come padre, una profonda occasione di riflessione. Da genitore, vivo ogni giorno il dilemma di come introdurre la tecnologia nella vita dei miei figli in modo responsabile, garantendo che imparino a usare questi strumenti senza perdere il contatto con il mondo reale e con gli altri.

La mia esperienza mi ha portato a osservare con occhio critico l'uso quotidiano della tecnologia: da un lato, apprezzo le sue potenzialità educative e creative; dall'altro, vedo i rischi che essa comporta. Come genitore, ho spesso temuto che l'eccessiva esposizione agli schermi potesse isolare i miei figli o far loro perdere momenti preziosi della loro infanzia.

Guardando i miei figli, mi rendo conto che la sfida più grande è riuscire a trasmettere loro i valori che la tecnologia non può insegnare: l'empatia, l'ascolto, la pazienza, l'importanza delle relazioni umane autentiche. Non è facile competere con l'attrazione immediata degli schermi, ma credo fermamente che il nostro compito, come genitori, sia quello di fornire ai nostri figli gli strumenti per navigare il mondo digitale senza smarrire il senso della realtà.

In conclusione, spero che questo libro possa servire da guida e da stimolo per genitori, educatori e giovani lettori a riflettere su come la tecnologia stia influenzando le loro vite e a trovare il modo di utilizzarla come un mezzo per arricchirle, e non per impoverirle.

Perché, in fondo, ciò che trasmettiamo ai nostri figli va ben oltre ciò che diciamo: è quello che viviamo ogni giorno. È nei piccoli gesti quotidiani – spegnere il telefono durante una conversazione, scegliere di leggere una storia insieme piuttosto che accendere un tablet, prendersi del tempo per ascoltare davvero – che comunichiamo ciò che conta. La presenza reale, quella che non vibra né si scarica, è il dono più prezioso che possiamo fare.

Viviamo in un tempo che premia la velocità, ma l'educazione è fatta di lentezza. Serve pazienza per seminare, tempo per aspettare che germogli, coraggio per affrontare i momenti di crisi. E anche fiducia: quella fiducia che i nostri figli sapranno, un giorno, fare buon uso di ciò che abbiamo provato a costruire con loro. La tecnologia sarà pure veloce, ma i valori hanno bisogno di radici profonde.

Questo libro è nato tra pensieri notturni, dialoghi intensi, momenti di dubbio e di speranza. È un tentativo di dare voce a un'urgenza che sento sempre più diffusa: quella di restituire centralità all'essere umano in un'epoca dove il virtuale rischia di anestetizzare la realtà. Ed è un invito a rimanere vigili, presenti, coinvolti.

Perché educare oggi significa non solo preparare al futuro, ma anche proteggere il presente. Significa insegnare ai nostri figli che la connessione più importante non è quella che passa per il Wi-Fi, ma quella che si costruisce con lo sguardo, con la parola, con il cuore.

E forse, se riusciremo a farlo, avremo davvero acceso una luce che resisterà al tempo, oltre ogni schermo.

Ecco, se c'è una speranza che porto nel cuore, è questa: che un giorno, magari tra molti anni, i miei figli si voltino indietro e ricordino non tanto le regole che ho cercato di insegnare, ma i momenti in cui ero lì, davvero lì con loro. Che ricordino una mano tesa, uno sguardo presente, una risata condivisa. Che possano dire: "In mezzo a tutto quel rumore, qualcuno ha scelto di ascoltarmi davvero."

Perché non ci sarà mai un'app che insegni l'amore, né un algoritmo che possa restituire il calore di un abbraccio. La vera connessione, quella che resta, si costruisce nel silenzio di una presenza costante, nella scelta quotidiana di esserci, di resistere alla distrazione e tornare, ogni volta, al cuore delle cose.

Se questo libro riuscirà a ispirare anche solo un genitore a rallentare, un figlio a guardare negli occhi, un educatore a credere ancora nel potere delle relazioni umane, allora avrò raggiunto il mio scopo.

Perché, in un mondo che corre veloce, la vera rivoluzione è fermarsi.

E restare umani.

Ringraziamenti

Vorrei ringraziare mia moglie Antonella e le mie due figlie

Maria Rosaria e Maria Luna,

le cui esperienze hanno ispirato gran parte di questo libro.

Grazie a mia madre Maria Rosaria che mi ha sempre guidato e sostenuto in ogni cosa.

Ancora un Grazie a mio nonno Arcangelo A. che di interazioni sociali e momenti conviviali ne era il Re.

Infine un Grazie a tutti i genitori, giovani e professionisti che hanno condiviso con me le loro storie e riflessioni, arricchendo il mio viaggio di scoperta.

Biografia dell'Autore

Luca Verdolivo nasce a Pompei il 25 dicembre 1982, in un giorno inatteso e imprevedibile.

Autore, comunicatore e padre, è cresciuto tra racconti familiari e sorrisi pieni di umanità, come quelli che il suo indimenticato nonno Arcangelo A. gli regalava da bambino. Quelle risate sono diventate il suo primo dizionario emotivo, il suo codice per interpretare il mondo.

Ha vissuto esperienze lavorative estreme, spesso segnate da lunghi periodi lontano da casa. Proprio in quelle assenze ha imparato quanto la tecnologia possa essere ponte e muro, strumento e minaccia, presenza e solitudine. Lo ha vissuto sulla sua pelle, prima ancora di volerlo raccontare.

Padre profondamente innamorato delle sue due figlie, Luca è convinto che educare oggi significhi soprattutto insegnare a distinguere il reale dal virtuale, il contatto dallo schermo, la connessione vera da quella artificiale. Per questo scrive, per questo condivide.

"Connessioni Virtuali, Distanze Reali" non è solo un libro, ma una dichiarazione d'amore per le relazioni autentiche e per un futuro più consapevole. Quando non scrive, Luca ama perdersi negli sguardi della sua famiglia, perché lì — e non altrove — trova il suo Wi-Fi più potente.

I suoi pensieri parlano anche ai ragazzi e ai bambini, perché è proprio tra le nuove generazioni che la sfida della tecnologia si fa più urgente e delicata. A loro Luca si rivolge con rispetto e fiducia, senza prediche, ma con la voglia sincera di ascoltare e comprendere.

Ai bambini ricorda l'importanza di sporcarsi le mani con la vita vera, di giocare all'aperto, di annoiarsi ogni tanto — perché è lì che nascono la fantasia e la creatività.

Agli adolescenti tende una mano: li invita a non lasciarsi definire da un like o da una story, ma a cercare la propria voce, quella vera, anche quando sembra più difficile da trovare.

Luca non è contro la tecnologia: è per un uso più umano di essa. Perché crede che il tablet possa essere una finestra, ma non deve diventare una gabbia. Che i social possano unire, ma non devono sostituire gli abbracci. Che ogni giovane abbia il diritto di crescere connesso, ma anche radicato.

Accanto alla scrittura, porta avanti incontri e laboratori con studenti, famiglie e insegnanti, con un approccio accessibile ma profondo, fatto di storie, domande e piccoli grandi spunti di riflessione.

Citazioni

1. Pablo Neruda
"Ode alla Vita", da Il mercante di sogni (postumo, 2000).

2. Sherry Turkle
Alone Together: Why We Expect More from Technology and Less from Each Other, Basic Books, 2011.

3. Manfred Spitzer
Digital Dementia: What We and Our Children Are Doing to Our Minds, Droemer, 2012.

4. Sarah Konrath
"Digital Media and Empathy Decline in Adolescents", American Psychological Association, 2018.

5. Anna Lembke
Dopamine Nation: Finding Balance in the Age of Indulgence, Dutton, 2021.

6. Susan Greenfield
Mind Change: How Digital Technologies Are Leaving Their Mark on Our Brains, Random House, 2015.

7. Jean Twenge
iGen: Why Today's Super-Connected Kids Are Growing Up Less Rebellious, More Tolerant, Less Happy—and Completely Unprepared for Adulthood, Atria Books, 2017.

8. Matthew Ball
The Metaverse: And How it Will Revolutionize Everything, Liveright, 2022.

9. Sonia Livingstone
Children and Parents: Media Use and Attitudes Report, LSE, 2020.

10. Common Sense Media
The Common Sense Census: Media Use by Kids Age Zero to Eight, 2017.

11. Pew Research Center
Teens, Social Media & Technology, 2022.

12. International Bullying Prevention Association
Cyberbullying: A Growing Challenge, 2020.

13. Andrew Przybylski & Netta Weinstein
Digital Screen Time and Parent-Child Relationships, University of Oxford, 2019.

14. Nancy Colier, *The Power of Off*, Sounds True, 2016.

15. Catherine Steiner-Adair, *The Big Disconnect: Protecting Childhood and Family Relationships in the Digital Age*, Harper, 2013.